Lk 2208.

LE SUPPLICE
DES
CARMÉLITES
DE COMPIÈGNE

LE 17 JUILLET 1794

> Vous serez heureux lorsque les hommes vous maudiront, vous persécuteront et diront faussement toute sorte de mal contre vous à cause de moi.
>
> (*Évang. de S. Matthieu*, ch. v.)

LYON

GIRARD ET JOSSERAND, IMPRIMEURS-LIBRAIRES

Rue Saint-Dominique, 13

—

1860

LE SUPPLICE

DES

CARMÉLITES DE COMPIÈGNE

LE 17 JUILLET 1794.

I

Il est dans l'histoire de notre pays une page lamentable, une page écrite avec du sang, et que la réprobation universelle a flétrie en lui donnant son nom : c'est la TERREUR. Sans doute, on serait heureux de pouvoir la tenir à jamais scellée ; l'honneur compromis de la patrie, le désir d'une réconciliation que l'impiété seule repousse, et cette soif de pardon si naturelle à des cœurs chrétiens, sembleraient même nous en faire un pieux devoir. Mais non ; s'il convient de jeter sur les meurtriers le voile de l'oubli, il n'est pas permis de l'étendre sur les meurtres ni sur les victimes : ce serait à la fois une ingratitude et une imprudence. Ce n'est pas seulement la religion qui nous demande de l'honorer par la mémoire de tant de nouveaux martyrs sortis de son sein qu'on disait épuisé, et de réchauffer la piété des fils au récit des souffrances héroïques de leurs pères ; l'intérêt même de la France, encore aujourd'hui trop flottante entre le bien et le mal, et l'amour que la religion nous inspire pour ses propres ennemis, nous commandent aussi de tirer quelquefois de la poussière le souvenir de ces grands crimes, restés comme ensevelis dans leur multitude, afin d'ôter aux enfants perdus de la philosophie l'envie de les recommencer et à notre pays la tentation de les souffrir de nouveau.

Parmi les scènes si émouvantes d'une persécution qui ne dura pas moins de dix années, il en est peu qui offrent en même temps plus d'intérêt et de grandeur et une leçon plus éclatante que le spectacle de la communauté des Carmélites de Compiègne montant tout entière sur l'échafaud. Ce grand drame est pourtant resté à peu près inconnu, et peut-être n'en resterait-il que quelques traces éparses dans nos archives judiciaires, si une jeune religieuse que l'absence déroba au martyre, la sœur Françoise-Geneviève Philippe, morte en 1836 au couvent des Carmélites de Sens, ne nous eût laissé des notes aussi exactes qu'ingénues sur la vie et la mort de ses glorieuses compagnes. Ce sont ces souvenirs, ces témoignages authentiques, complétés par les documents officiels et par le peu de lignes que les historiens de la Révolution ont pu consacrer à l'un de ses crimes entre tant d'autres qui se trouvent reproduits ici avec la fidélité respectueuse que commandaient à la fois la gravité du sujet et la dignité du témoin.

II

Au milieu de la corruption générale du dix-huitième siècle et de la décadence des institutions les plus vénérables, l'ordre du Carmel n'avait rien perdu des vertus sévères et du détachement tout céleste que lui avait rappris sainte Thérèse. Il semblait même que ses cloîtres, comme les déserts au temps de la chute de l'empire romain, fussent recherchés avec plus d'avidité par les âmes d'élite, et que celles-ci sentissent le besoin d'opposer plus d'austérités et de sacrifices au torrent d'impiété et de désordre qui menaçait d'engloutir la société. Parmi ces chastes solitudes vouées à la prière sur tous les points de la France, le monastère de Compiègne offrait peut-être une réunion de vertus encore plus pures et plus éprouvées que les autres. Le voisinage de la cour qui faisait de longs séjours au château de Compiègne, loin de diminuer sa ferveur, n'avait fait que l'accroître par le spectacle des larmes que venaient souvent répandre dans l'ombre de son sanctuaire les membres de la famille royale restés fidèles à l'honneur de leur maison. La grande et malheureuse reine Marie Lekzinska, épouse de Louis XV, avait même demandé au Souverain Pontife et obtenu comme une grâce d'avoir un appartement auprès de ces vierges dont les nobles entretiens la consolaient des infamies dont elle était victime. Une autre petite-fille de Louis XIV, Mme la comtesse de Toulouse, avait sollicité la même faveur, et venait fréquemment y respirer un air plus pur avec ce fils si digne d'elle, ce pieux duc de Penthièvre, dont la bonté désarma les égorgeurs eux-mêmes. Mmes Adélaïde, Victoire, Sophie et Louise, filles de Louis XV, se faisaient une fête d'y venir à l'époque des prises d'habit ou des professions, et d'y remplir au réfectoire les humbles fonctions de lectrices ou de servantes. Ces exemples n'étaient pas rares dans l'ancienne société. La noblesse et la royauté elle-même s'inclinaient volontiers devant cette majesté plus haute de la vertu à qui la Révolution devait aussi rendre hommage à sa manière en lui donnant la première place dans sa haine et sur ses échafauds.

Aux Carmélites de Compiègne comme dans la plupart des monastères, les conditions de fortune les plus diverses se trouvaient réunies dans une sainte égalité. Plusieurs des religieuses avaient déposé en y entrant des noms brillants et même glorieux dans le monde ; la plupart appartenaient à la plus honorable bourgeoisie, et quelques unes aux plus humbles rangs du peuple. Toutes s'étaient librement soumises à une pauvre fille d'un grand esprit et d'un grand cœur, qui avait été reçue au couvent par charité. La main pieuse et amie de leur jeune sœur nous a conservé sur quelques unes de ces nobles vierges des détails personnels pleins de charme et d'intérêt, qui les font aimer en les faisant connaître, et qui nous donnent d'ailleurs un aperçu curieux de l'intérieur des couvents de femmes à la fin du dix-huitième siècle.

Au moment où la Révolution éclata, les Carmélites de Compiègne étaient au nombre de dix-neuf en comptant cinq religieuses converses. Le gouvernement de la maison était depuis trois ans entre les mains douces et fortes de cette incomparable mère Marie-Thérèse, si distinguée, si gracieuse, et à qui Dieu avait donné l'âme de la mère des Macchabées pour conduire au supplice son héroïque famille. Née à Paris le 22 septembre 1752, Marie-Charlotte Lidoine s'était sentie de bonne heure appelée à la vie religieuse. Malheureusement ses parents, qui avaient fait de grands sacrifices pour lui donner l'éducation la plus soignée, n'ayant plus assez de ressources pour payer sa dot au couvent, elle languissait dans des désirs qui semblaient irréalisables, lorsque la Providence y pourvut d'une autre façon. Il y avait alors parmi les Carmélites de Saint-Denis une fille des rois qui expiait sous la bure les fautes de la royauté, et qu'un tendre intérêt attachait à toutes les jeunes filles éprises des austérités du cloître et trop pauvres pour acquitter l'humble tribut levé aux portes du Carmel. Mme Louise ayant entendu parler du rare mérite de Marie Lidoine, désira la connaître et se la fit présenter. Touchée de ses pieuses aspirations, mais trop pauvre elle-même pour payer la dot de sa protégée, elle écrivit à Marie-Antoinette, encore Dauphine, pour la prier de la prendre à sa charge, ce qui fut accepté avec empressement par l'infortunée princesse. Onze ans s'étaient à peine écoulés depuis la profession de cette jeune fille sous le nom de sœur Marie-Thérèse, que déjà son mérite l'avait placée à la tête de la communauté. Elle s'y trouvait appelée pour la seconde fois au moment de la suppression des ordres religieux, et les vœux unanimes de ses compagnes l'y retinrent jusqu'à la consommation de son sacrifice. La supériorité de sa nature semblait vraiment la prédestiner au commandement. Il régnait dans toutes ses manières une dignité pleine de douceur, et un charme irrésistible était attaché à sa parole. Elle écrivait aussi avec éloquence, et elle composa quelques poésies religieuses destinées à être chantées par la communauté dont elles exprimaient les joies et les douleurs.

Une vénération toute filiale entourait deux vieilles religieuses presque octogénaires, qui semblaient avoir gardé quelque chose du grand siècle, et qui, sous le poids des infirmités, conservaient, comme un éternel printemps de l'âme, leur inaltérable gaîté. Les jeunes religieuses ayant demandé un jour à la sœur Marie Thouret, l'une de ces respectables doyennes, comment, avec un esprit vif et enjoué comme le sien, elle avait pu se décider à embrasser l'état monastique. « Ce n'a pas été sans peine, leur répondit-elle ; et, avec la permission de notre mère, je vais vous raconter mon histoire. A peine avais-je atteint ma seizième année, que je demeurai absolument orpheline. Le tuteur qu'on m'avait donné n'étant pas des plus complaisants, j'usais de mille subterfuges pour me soustraire à son autorité. Je me retirais tantôt chez des parents, tantôt chez des amis, pour y jouir d'une plus grande liberté et suivre mon attrait pour les plaisirs que j'aimais à la fureur, surtout celui de la danse ; aussi ne me vit-on jamais refuser une invitation de bal. Mais Dieu, qui me voulait à lui, permit qu'un jour que je me livrais à ce divertissement, il arrivât un événement si tragique et qui fit sur moi une telle impression, que je sortis sur-le-champ avec la résolution bien arrêtée de quitter le monde pour jamais. Vous le voyez, ajoutait-elle, ce n'est pas toujours avec du sucre que Dieu attire ses colombes. » Mais pour n'avoir pas été une vocation d'attrait, la vocation de cette bonne sœur n'en fut pas moins une de dévouement. Chargée longtemps du soin des malades, et en particulier d'une religieuse qu'un cancer dévorait lentement, elle y épuisa ses forces au point de perdre elle-même sa santé et de devenir toute contrefaite ; encore fallut-il résister à ses plus vives instances pour l'arracher à ce dangereux emploi.

Dans l'année 1761, le saint et populaire évêque d'Amiens, M. de la Mothe d'Orléans, vint un jour frapper à la porte du monastère de nos Carmélites, accompagné d'une jeune fille de seize ans. Cette jeune fille, dont la grâce touchante faisait oublier la parure, était la petite-nièce de Colbert, le grand ministre de Louis XIV. « Je vous prie, dit le prélat aux religieuses, de considérer qu'en vous présentant Mlle de Croissy, je crois vous offrir un ange dans un corps mortel. Recevez-la sans crainte ; je suis assuré qu'un jour vous bénirez ma mémoire pour le présent que je vous fais. » La prieure, craignant que ce jeune dévouement ne fût pas assez mûri par la réflexion, répondit par un refus à ces deux suppliants, et renvoya Mlle de Croissy à sa mère. Mais l'année suivante il ne fut plus possible de résister à ses larmes, et elle attendit dans un noviciat prolongé le jour où il lui fut permis de prononcer ses vœux. La reine désira assister à cette cérémonie, et lorsque la nouvelle professe eut embrassé toutes ses sœurs, elle voulut l'embrasser à son tour, et lui dit, avec un profond soupir qui attestait sa sincérité, combien elle enviait son sort. « Le manteau que vous venez de recevoir, ajouta-t-elle, n'a pas l'éclat du manteau de votre grand-oncle ; mais mille manteaux comme le sien, en y joignant même tout son esprit, ne valent pas le manteau et l'esprit de votre père le prophète Elie. » L'intelligence de

Mlle de Croissy était aussi élevée que son cœur et admirablement cultivée. A l'exemple de la plupart des femmes distinguées qui brillaient à cette époque dans le monde ou dans le cloître, elle écrivait également bien en prose et en vers. Chargée pendant près de huit ans du gouvernement de la maison, elle s'en acquitta à merveille et s'en déchargea avec joie pour prendre la direction des novices, qui trouvèrent en elle la plus tendre des mères.

L'histoire de la sœur Julie était des plus romanesques. Mariée à dix-huit ans à M. de la Neuville, et restée veuve après cinq ans de la plus heureuse union, la douleur que lui causa la perte d'un époux tendrement aimé fut si vive, qu'elle n'eut plus qu'un seul désir, celui d'aller rejoindre dans la mort celui qui avait été tout le bonheur de sa vie. Elle ferma rigoureusement sa maison et n'en sortit plus. Pour mieux alimenter sa tristesse, elle avait fait tendre de noir la chambre mortuaire de son mari, et elle y demeurait comme enchaînée. Ses domestiques avaient reçu l'ordre de ne laisser entrer personne, pas même sa mère, ni sa sœur, Mme de Valcour, ni son excellent oncle, M. de Vaux, chanoine et grand-chantre de la cathédrale d'Evreux. Cet homme vénérable avait pour sa nièce l'attachement d'un père; aussi ne négligea-t-il rien pour obtenir que Mme de la Neuville sortît de cet état violent et désespéré. Non content de lui écrire souvent de longues lettres qui restaient sans réponses, il eut la constance de venir tous les jours pendant dix-huit mois frapper à cette porte qui demeurait obstinément fermée. A la fin cependant son dévouement triompha : la porte s'ouvrit, et Mme de la Neuville tomba dans ses bras avec un torrent de larmes. A force de ménagements et de prières, M. de Vaux obtint que les emblèmes mortuaires disparaîtraient de sa chambre, qu'elle recevrait le prêtre chargé autrefois de la direction de sa conscience, et que si elle ne croyait pouvoir sortir encore, elle ferait du moins prier sa mère de la venir visiter. Un peu plus tard, il lui prêta des livres de piété et la fit consentir à cesser la lecture des romans, qui lui exaltaient l'imagination, et à reprendre ses exercices de musique et de dessin. Enfin il se rattacha, pour achever de la guérir, à quelques dispositions fugitives qu'elle avait manifestées dans son enfance pour la vie religieuse. Mme de la Neuville accepta avec empressement la perspective du cloître, mais seulement comme une autre forme de désespoir et sans aucune des douces et paisibles ardeurs d'une véritable épouse de Jésus-Christ. Lorsqu'elle entra au couvent, son air froid et dédaigneux fut un grand sujet d'ennui pour les jeunes et joyeuses compagnes de son noviciat. Elles se plaignaient souvent à leur maîtresse de la contrainte où les mettaient le ton et les manières de *la grande sœur*, qui aurait bien mieux fait, disaient-elles, de rester dans le monde que de venir en religion avec un air si mécontent. Elles demandèrent même naïvement un jour la permission de faire une neuvaine pour obtenir qu'elle se retirât. Mais l'amour divin finit par cicatriser la blessure que l'amour humain avait faite, et cette âme malade retrouva la paix dans un plus pur et plus durable attachement.

De pareils orages n'avaient point entouré la vocation des douces et paisibles filles qui formaient le reste de la communauté. Le cours de leur vie était resté aussi calme et aussi limpide que leur âme, et du sein de leurs familles pieuses elles avaient passé sans effort, et par un naturel épanouissement de l'amour de Dieu, dans cette retraite toute vouée à la grande passion des saints. Telle était la belle et bonne Marie-Antoinette Pelras, qui, après avoir quitté avec ses cinq sœurs la maison paternelle pour aller remplir les fonctions de Marthe parmi les hospitalières de Nevers, s'était trouvée là encore trop près du monde, et, comme les solitaires de la Thébaïde, s'était enfoncée plus avant dans le désert pour mieux converser avec Dieu. Telle était encore la sœur Brard, très-grave et très-spirituelle personne, que la reine Marie Lekzinska appelait sa tout aimable religieuse philosophe.

Parmi les sœurs converses, trois seulement avaient prononcé des vœux. Les deux autres, chargées du service extérieur de la maison, n'étaient liées au couvent que par leur piété et leur affection pour les filles du Carmel. Thérèse Soiron, l'une d'elles, était d'une beauté remarquable, et la princesse de Lamballe, accompagnant un jour aux Carmélites le duc de Penthièvre, son beau-père, en fut si frappée, qu'elle fit toutes les instances imaginables pour la déterminer à la suivre à la cour, où elle lui promettait un brillant établissement. L'humble tourière, tournant ses regards vers l'autel où reposait le Saint des saints, lui répondit que rien ne lui manquait, et qu'elle n'échangerait pas sa place même contre la couronne de France.

En effet, toutes ces saintes âmes vivaient heureuses dans l'ombre, la pauvreté, le travail et la prière, ne demandant au monde que son oubli, après lui avoir généreusement abandonné tout ce qui pouvait faire l'objet de ses convoitises. Mais ce n'était plus assez pour une société doublement corrompue par le libertinage de l'esprit et par celui du cœur. Le spectacle seul de leur vertu lui était encore trop à charge, et cet éloquent rappel à la dignité et à la pudeur lui semblait une continuelle insulte. Alors on vit une foule de gens, pleins de respect pour le célibat licencieux de Voltaire, de Rousseau et de leurs autres demi-dieux, dénoncer la virginité chrétienne comme un attentat aux lois de la nature et de la société. Tous les faiseurs de petits vers ou de contes obscènes, et à leur suite les habitués non moins laborieux des cafés et des théâtres, se déclarèrent profondément scandalisés par l'oisiveté des larmes saintes et de la prière. Enfin, pour entraîner les honnêtes gens, on exploita à outrance quelques abus attachés à des institutions plus séculières que monastiques, où les filles nobles, victimes des revers de la fortune ou de la législation sur les héritages, trouvaient une retraite douce, confortable, assurée, et dont le seul tort peut-être était de les attacher par un engagement sacré au célibat que leur rang et leur pauvreté leur imposaient. Drames, romans, comédies, chansons, élégies, lourds traités de médecine et d'économie politique, tous les genres de littérature, y compris le genre ennuyeux, furent mis en réquisition pour démolir les vieux cloîtres ; et leurs derniers jours avaient été marqués par l'opinion publique bien avant que la Révolution ne lui permît de formuler en lois ses aveugles et cruels caprices.

III

Le 17 janvier 1787, une jeune et forte villageoise s'en vint jusque du diocèse d'Autun solliciter la grâce d'être admise comme sœur converse au monastère de Compiègne. A la vue de sa physionomie rayonnante d'entrain et de gaîté, la prieure, songeant à l'avenir, se sentit émue de pitié ; et, avant de lui laisser prendre aucun engagement, elle crut devoir lui mettre sous les yeux la perspective de tous les malheurs qui menaçaient les ordres religieux. « Ah ! ma chère mère, lui répondit la bonne Jeanne Vézotal, vous pouvez être tranquille; pourvu que j'aie le bonheur d'être consacrée à Dieu, je suis contente, quoi qu'il arrive. » Elle le prouva bien, la noble et sublime servante, en louant Dieu jusque sous la hache du bourreau.

L'Assemblée Constituante arriva bientôt après avec la prétention de faire disparaître tous les abus; et à peine réunie, au lieu de pourvoir à une foule de réformes plus urgentes, sans même prendre le temps d'élaborer une loi sérieuse, elle s'empressa de décréter que l'émission des vœux serait suspendue dans tous les monastères. Il semblait que la France risquait d'être perdue si elle venait à compter une seule religieuse de plus. Ce décret fut notifié partout avec une activité incroyable. Malgré leur douleur, malgré les instances d'une jeune et courageuse novice que le danger même rendait plus impatiente de prononcer ses serments, nos Carmélites se conformèrent scrupuleusement au décret. « Priez pour votre petite compagne sœur Constance, écrivait, le 15 décembre 1789, la prieure à Mlle de Grandrut, une autre novice qui, moins heureuse encore, avait dû s'éloigner du couvent. Hélas! sans le décret qui m'a été signifié légalement, il y a trois semaines, je devrais avoir aujourd'hui la consolation de recevoir ses vœux. »

Deux mois après, l'Assemblée déclarait que la loi constitutionnelle du royaume ne reconnaîtrait plus d'engagements monastiques. Cette mesure n'avait rien que de conforme aux principes de liberté proclamés par ces réformateurs philosophes. Mais malheureusement ils les démentaient aussitôt par une injustice et une nouvelle oppression, en ajoutant que les ordres religieux dans lesquels on faisait de pareils vœux demeuraient supprimés en France sans qu'il pût en être établi de semblables à l'avenir. Ainsi, on ne se bornait pas à délivrer de toute contrainte les vocations plus ou moins imposées ou inconstantes, en ne laissant aux autres que les liens purement spirituels et volontaires qui les rattachaient à Dieu; mais on ôtait encore à la fidélité et à la constance la liberté qu'on rendait au caprice, et désormais il ne devait plus être permis à d'honnêtes et paisibles femmes de se réunir volontairement pour se consacrer à Dieu. Dix orateurs de la noblesse et de la bourgeoisie avaient pris la parole pour appuyer cet arrêt de proscription impie, et à peine trois ans après la moitié d'entre eux n'existaient plus : ils avaient été égorgés par leurs complices.

Par un reste de tolérance et pour ne pas trop blesser de vieilles habitudes, on voulut bien permettre provisoirement aux religieuses de rester dans leurs maisons dont on s'emparait, et les officiers municipaux furent chargés d'aller dans tous les couvents recevoir la déclaration de chacune d'elles sur ses intentions de sortir avec une pension ou de continuer la vie commune.

Enfin on allait voir au grand jour, on allait pouvoir compter toutes ces malheureuses victimes cloîtrées sur lesquelles la prétendue philosophie avait répandu tant d'intérêt et de larmes, et c'était sans doute dans les ordres les plus sévères qu'on allait les trouver en plus grand nombre. Cette épreuve, pour le succès de laquelle rien n'avait été épargné, tourna de la manière la plus éclatante à la honte des ennemis de la religion. A part quelques chanoinesses et autres demi-religieuses aussi peu austères, d'un bout de la France à l'autre toutes les vierges consacrées à Dieu protestèrent que la violence seule pourrait les arracher à l'état qu'elles avaient librement embrassé. Les Carmélites de Compiègne brillèrent au premier rang par la noblesse et la fermeté de leurs réponses. « Après ce fatal décret, écrit la sœur Philippe, notre maison fut visitée trois fois en moins d'un mois par les autorités de la ville et du district. Dans la première visite, ces inquisiteurs républicains ne rougirent pas de demander à procéder à une nouvelle élection de prieure pour notre communauté. « Nous « voulons, disaient-ils, avoir une prieure de notre choix. » Cependant cette demande et ce projet n'eurent aucune suite. Dans la seconde visite, ils se présentèrent comme étant autorisés à faire comparaître à la grille toutes les religieuses les unes après les autres pour les interroger, chacune en particulier, sur les motifs de leur vocation, et offrir la liberté à celles qui voudraient l'accepter. Mais comme elles furent toutes unanimes pour dédaigner une pareille proposition, ils supposèrent qu'elles avaient été gênées dans l'expression de leurs sentiments par la présence des sœurs; on les vit donc reparaître une troisième fois. Alors ils ordonnèrent que les portes de la clôture leur fussent ouvertes. On obéit à la force; ils parcoururent toute la maison, puis ils désignèrent notre grande salle comme l'endroit le plus sûr pour n'être pas entendus. Quatre soldats furent placés en sentinelles aux deux portes, et d'autres soldats à l'entrée de chacun des dortoirs et des cloîtres. Après cela, ils nous firent venir l'une après l'autre. Ils s'offraient à nous comme des libérateurs qui venaient briser nos chaînes et mettre fin à notre dure captivité. Il est facile de deviner comment nous accueillîmes leurs offres injurieuses. Nous répondîmes toutes en déclarant hautement que nous étions entrées au monastère par un libre choix, et que toute notre ambition était d'y vivre et d'y mourir.

« Lorsque arriva le tour de la mère Henriette (Mme de Croissy), à la première question que lui adressèrent ces étranges libérateurs, elle tira un papier de son sein et le plaça devant eux. « Messieurs, dit-elle, prenez la peine de lire ma réponse, et vous « serez, je l'espère, bien convaincus de l'inutilité d'aller plus « loin. » Ils prirent ce papier, y jetèrent les yeux, et le reposèrent sur la table où nous le trouvâmes après leur départ. La mère Henriette y avait tracé les vers suivants, qu'elle venait de composer à l'instant même :

>Qu'ils sont faux les jugements
>Que sur nous porte le monde !
>Son ignorance profonde
>Lui fait blâmer nos serments.

>Mais je ris de sa fierté,
>Je m'honore de sa haine,
>Et je préfère ma chaîne
>A sa fausse liberté.

>Nœuds chéris et précieux,
>Chaque jour je vous resserre :
>Tout ce que m'offre la terre
>A moins de prix à mes yeux.

« Voyant que tous leurs efforts pour nous faire accepter une liberté ridicule demeuraient sans succès, ces fonctionnaires finirent par se retirer. »

Ce qu'ils n'avaient pu obtenir par leurs sots discours, la sollicitude alarmée des familles le tenta ensuite avec une tendresse bien plus éloquente, mais sans plus de succès, auprès de nos courageuses Carmélites. Une jeune novice, Marie-Jeanne Meunier, eut plus que toutes ses compagnes à souffrir de ces affectueuses persécutions. Elle n'avait obtenu qu'à force d'instances la permission de ses parents pour entrer en religion : le désordre devenant chaque jour plus effrayant, ils résolurent de la ramener à l'abri du toit paternel. Muni de leur procuration, un de ses frères se présenta avec l'intention d'employer la force si elle refusait de sortir de bonne volonté. Ses premières tentatives furent infructueuses ; une descente de justice eut donc lieu. Mais la pieuse novice, sans se troubler de cette soudaine et menaçante apparition, répondit à la sommation de sortir au nom de la loi : « Messieurs, je ne suis entrée ici qu'avec le consentement de mes parents ; s'ils veulent m'en faire sortir parce que leur tendresse s'alarme des dangers que je puis courir en y restant, je les en remercie ; mais rien, sinon la mort, ne pourra me séparer de la société de nos mères. Ils ne peuvent trouver mauvais que je suive la voix de ma conscience. C'est tout ce que je réclame de cette liberté dont on proclame si haut les avantages. » Le commissaire, le procureur du roi et leurs recors se retirèrent, admirant, en dépit de leur rôle, la douce et inébranlable fermeté de cette jeune fille.

Mais l'immense affront infligé de toutes parts par de faibles femmes à l'impiété triomphante ne fit qu'enflammer la colère de ses adeptes, et en voyant la religion encore si enracinée dans les cœurs, ils ne devinrent que plus ardents à la détruire. Pour ne pas soulever l'animadversion du peuple encore généralement chrétien, ils se gardèrent bien de fermer tout d'abord ses temples et de briser ses autels ; mais conservant avec une habileté machiavélique tous les noms, toutes les cérémonies, toutes les formes extérieures de l'ancien culte, ils lui substituèrent une Eglise de leur façon, dont ils restaient, sans y croire eux-mêmes, les suprêmes docteurs et régulateurs, à la place du Pape et des conciles. L'épiscopat et le clergé français, sommés de prêter leur concours à cette religion hypocrite, sous peine d'être dénoncés comme ennemis du peuple et dépouillés des derniers débris du patrimoine ecclésiastique, démentirent alors par une noble résistance les calomnies qui avaient trop longtemps pesé sur leur honneur et leur vertu. L'immense majorité n'hésita pas à reprendre courageusement la vie errante et sans abri des premiers apôtres. Des pontifes et des prêtres plus complaisants, consacrés par le sceptique Talleyrand qu'un abus de l'ancien régime avait fait évêque uniquement parce qu'il était prince et difforme, furent installés à leurs places avec le concours des jacobins et des gendarmes. Mais bientôt délaissés et méprisés par les populations, ces faux ministres dénoncèrent de tous côtés la présence des vrais pasteurs comme un obstacle invincible à l'établissement du nouveau culte. C'est en vain que les catholiques fidèles, qui formaient encore une grande partie de la nation, demandèrent humblement aux spoliateurs de leurs églises leur part de cette liberté de conscience dont l'irréligion usait alors si largement pour son compte : les principes de 1789 furent encore une fois violés par ces philosophes inconséquents. Copistes serviles de la révocation de l'édit de Nantes, contre laquelle ils n'avaient pu trouver assez de formules d'anathème, ils reproduisirent littéralement tous les arguments du monarque absolu pour réclamer, au nom de l'ordre public et de l'unité nationale, que l'ancienne religion fût complètement bannie, et tous les pasteurs fidèles condamnés à un éternel exil. Leur organe dans l'Assemblée législative fut, comme il convenait, un poète médiocre nommé François, enfant trouvé que la charité d'un évêque avait ramassé dans la boue à Neufchâteau.

Louis XVI, faible roi jusqu'alors, mais dont on vit les forces et le courage naître et grandir avec les dangers, résista avec une invincible fermeté aux menaces des philosophes et aux vociférations de la populace, réunies pour lui arracher l'arrêt de mort de la religion. Mais l'impiété avait d'autres ressources. Maîtresse de l'autorité dans la plupart des provinces, elle y édicta, à titre de simple mesure de police, la proscription que le véto royal ajournait ; et, sans respect pour les belles théories politiques qu'ils venaient d'acclamer comme le salut du genre humain, les administrateurs des départements s'emparèrent à la fois de tous les pouvoirs législatifs et judiciaires, décrétèrent la réclusion des prêtres, les poursuivirent, les jugèrent et les mirent encore eux-mêmes en prison. En quelques mois ces misérables tyranneaux lancèrent plus de lettres de cachet qu'on n'en vit peut-être pendant deux siècles de royauté absolue, et la France fut couverte de Bastilles bien autrement peuplées que celle dont la destruction avait naguère excité un si ridicule enthousiasme. Partout où l'impiété n'était pas assez forte pour donner à ses violences le masque de l'autorité, elle y suppléait par des émeutes, et les ministres de l'Eglise, traqués comme des bêtes fauves, furent contraints, pour sauver leur tête, de prendre à l'avance le chemin de l'exil.

IV

Les Carmélites de Compiègne durent à une circonstance particulière de jouir d'une paix devenue bien rare au milieu de ce déchaînement universel. Le curé de la ville était un homme faible, mais doux et honnête. Soit dans l'espoir de sauver ce qu'on tolérait encore de christianisme, soit dans le but moins chimérique de garantir sa tranquillité personnelle, il eut le tort d'entrer au service de l'Eglise adultère. Mais du moins il ne manqua jamais d'équité ni même de bienveillance pour ses frères plus courageux et plus fidèles. Non seulement il souffrit sans se plaindre la présence de l'aumônier du Carmel dans la ville, mais il lui permit même de célébrer le saint sacrifice dans sa propre église en faveur des catholiques à qui leur conscience ne permettait plus de communiquer avec lui. Grâce à son obligeance, les religieuses purent encore goûter pendant dix-huit mois toutes les consolations eucharistiques.

Cependant les souffrances générales de l'Eglise ne pouvaient leur demeurer étrangères, et en voyant la persécution s'aggraver de jour en jour, il vint à la pensée de la prieure de proposer à ses compagnes de faire toutes ensemble un acte de consécration à la mort, par lequel la communauté entière s'offrirait en holocauste pour obtenir que, par le sacrifice de leurs personnes, la paix fût rendue à l'Eglise et à l'Etat. Cette proposition, que les circonstances ne rendaient que trop sérieuse, causa un profond saisissement aux deux sœurs les plus âgées. « Eh quoi! ma chère mère, s'écrièrent-elles en l'entendant, est-ce que...? » Elles étaient si émues qu'elles ne purent continuer. « Mes bonnes sœurs, dit la prieure, je ne prétends pas vous faire une obligation de cet acte, et croyez que je me serais bien gardée de vous en parler si j'avais pu prévoir l'effet qu'il devait produire sur vous. Mon intention était de m'unir à la pensée de sainte Thérèse notre mère et aux motifs qui l'ont portée à établir sa réforme, je veux dire la cessation des maux qui affligent l'Eglise et la France en particulier. Si cette sainte mère a eu tant de zèle à prier pour un pays qui n'était pas le sien, à plus forte raison devons-nous le faire pour une patrie qui est la nôtre. » Quand la supérieure eut cessé de parler, les deux vieilles religieuses se retirèrent dans la chambre qui leur était commune et ne reparurent plus de la journée. Le soir enfin, au moment où la prieure allait commencer la récitation des matines, elles vinrent, fondant en larmes, se jeter à ses pieds, en lui disant : « Pardonnez-nous de venir si tard et à cette heure du silence le plus absolu ; mais c'est qu'il nous serait impossible de prendre notre repos sans vous avoir fait nos excuses et vous témoigner notre vif regret d'avoir laissé paraître tant de pusillanimité. Nous, les plus anciennes de la maison, qui avons eu le bonheur de vieillir dans la sainte religion, et qui par là même aurions dû être les premières à montrer le plus d'ardeur, c'est nous, c'est nous seules qui avons marqué de la répugnance à faire le sacrifice d'une vie que notre grand âge nous met sur le point de quitter. Ah ! chère mère, de grâce, veuillez nous permettre de nous associer à vous, et souffrez que nous réparions devant nos sœurs le scandale que nous leur avons donné. » Elles le firent en effet avec l'humilité la plus profonde et la plus attendrissante pour toute la communauté.

Mais c'était trop pour les prétendus apôtres de la tolérance que la liberté de conscience trouvât encore quelques rares abris; c'était trop qu'en un seul coin de la France un seul prêtre pût encore lever vers le ciel des mains qui ne fussent pas chargées de chaînes. Il fallait une persécution générale sans exception ni refuge. On revint donc à la charge auprès du roi. Cette fois ce fut une femme en qui la passion philosophique avait étouffé les derniers restes de sensibilité, et qui devait, six mois après, trouver son châtiment sur l'échafaud révolutionnaire, qui vint, sous le nom de son mari, le ministre Roland, sommer une dernière fois Louis XVI de choisir entre le sacrifice des prêtres et son propre sacrifice. Louis XVI n'hésita pas. Chassé aussitôt des Tuileries par une horde de cannibales, il ne trouva un refuge au sein de l'Assemblée législative que pour y entendre, le 10 août 1792, l'arrêt de sa déchéance et de son emprisonnement.

Les ennemis du christianisme, devenus enfin les maîtres absolus de la France, achevèrent de la couvrir de ruines. Reprenant

2

avec une nouvelle ardeur leur glorieuse campagne contre les vierges consacrées à Dieu, ils eurent le bon goût de les railler en les chassant. *Considérant*, dit avec une ironie délicate le décret du 17 août, *qu'il importe de faire jouir les religieuses de la liberté qui leur est assurée par les lois, et qu'il n'importe pas moins de dissiper les restes du fanatisme auquel les ci-devant monastères prêtent une trop facile retraite, le 1er octobre toutes les maisons occupées par les religieuses seront évacuées et mises en vente.*

Le lendemain, on englobait dans la même proscription des associations innombrables auxquelles, à la vérité, on ne pouvait reprocher ni le crime de l'oisiveté contemplative ni celui des vœux perpétuels ; mais elles étaient coupables de deux autres grands crimes : celui d'instruire gratuitement les enfants pauvres, et celui de soigner les malades et les infirmes dans les hôpitaux. L'Assemblée dictatoriale déclara qu'*un État vraiment libre ne pouvait souffrir de pareilles institutions. Considérant encore que le moment où elle achève d'anéantir les corporations religieuses est aussi celui où elle doit faire disparaître à jamais tous les costumes qui leur étaient propres, et dont l'effet nécessaire serait d'en rappeler le souvenir, d'en retracer l'image ou de faire penser qu'elles subsistent encore, l'Assemblée décrète que les costumes ecclésiastiques et religieux sont abolis et prohibés, et que les contraventions seront punies de l'amende, et, en cas de récidive, comme délits contre la sûreté générale.* Enfin, le 26 août, la même Assemblée condamna tous les pasteurs fidèles à sortir de la France dans le délai de quinze jours, sous peine d'être déportés à la Guyane.

Nos malheureuses Carmélites se trouvèrent donc chassées de leur asile et en même temps privées de tous les aliments de la vie spirituelle, bien plus précieuse à leurs yeux que celle du corps. Plus de guides désormais pour leurs consciences craintives, plus de sources purifiantes pour laver leurs fautes, plus de manne céleste pour nourrir leur courage, plus de sacrifice pour y unir le leur ; toutes les consolations leur étaient enlevées à la fois. « Ce fut le 14 septembre 1792, dit la sœur Philippe, que nous abandonnâmes notre cher monastère, vêtues de l'habit séculier. Comme on n'aurait pas souffert que nous demeurassions toutes ensemble, nous nous divisâmes dans quatre maisons de la ville qui formaient quatre associations particulières. La mère prieure, avec celles qui avaient le plus besoin de sa présence, s'établit rue

Saint-Antoine ; trois autres divisions moins nombreuses se retirèrent, l'une dans la rue des Cordeliers, et deux dans la rue Neuve. Quoique séparées, nous conservions l'unité d'obéissance à nos saintes règles et à notre révérende mère, nous tenant toutes, par la grâce de Dieu, dans une parfaite harmonie de principes, de sentiments et de conduite.

« Il y avait à peine deux mois que nous avions été chassées de notre monastère, lorsque le maire et le procureur de la commune se présentèrent chez notre prieure, demandant qu'elle nous réunît toutes. Elle nous fit donc venir, et comme nous paraissions émues et inquiètes, car il était huit heures du soir et l'on était au mois de novembre : « Citoyennes, nous dit le maire, ne vous « effrayez pas de notre visite nocturne, nous ne venons point ici « dans des vues hostiles. » Puis ouvrant un registre que lui présenta le procureur syndic : « Il n'est question, ajouta-t-il, que « d'assurer votre tranquillité et la nôtre. Or, ce but sera atteint « par la seule apposition de votre signature au bas de cette « page. »

De faibles pensions avaient été allouées aux religieuses par l'Assemblée Constituante, à titre de dédommagement pour les biens dont elle les avait dépouillées. L'assemblée qui lui succéda ne voulut plus voir dans cette restitution partielle qu'un don tout à fait gratuit, et décréta qu'il serait retiré à toutes les religieuses qui, dans le délai de huit jours, n'auraient pas prêté serment par écrit, devant leur municipalité, *d'être fidèles à la nation et de maintenir la liberté et l'égalité, ou de mourir en les défendant.* Etrange et douloureux spectacle que celui de ces pauvres filles privées de toutes leurs libertés les plus chères et forcées par leurs tyrans de jurer de mourir pour une liberté chimérique, sous peine de perdre leurs dernières ressources ! Singulière égalité que celle qui accablait la vertu de vexations et d'opprobres, tandis qu'elle créait la plus insolente aristocratie qui fut jamais, celle du crime! Un travestissement si complet des noms les plus augustes put faire craindre même aux meilleurs amis de la liberté et de l'égalité de les blasphémer en souscrivant une formule imposée comme un acte d'adhésion au plus affreux despotisme. Il s'éleva à ce sujet dans le sein de l'Eglise de France des dissentiments profonds. Il vint jusque du fond de l'exil des voix d'évêques et de docteurs qui, s'attachant surtout aux grandes et nobles choses invoquées dans ce serment, le déclarèrent parfaitement licite. Les autres en plus grand nombre, n'y voyant qu'un coupable acquiescement à tous les forfaits commis au nom de la nation et de la liberté par la tyrannie révolutionnaire, le condamnèrent comme un crime, et des milliers de religieuses souffrirent toutes les horreurs de l'emprisonnement, de la misère et même de la faim plutôt que d'y consentir.

« Notre bon et vénérable supérieur, continue la sœur Philippe, s'empressa de nous mander que si l'on exigeait de nous ce serment, nous pourrions le prêter sans intéresser notre conscience. Cependant une répugnance qu'il nous était impossible de vaincre ne nous permit pas de goûter cet avis, et il n'y eut qu'une voix entre nous pour déclarer qu'il fallait à tout prix nous abstenir jusqu'à ce que le Souverain Pontife eût prononcé. Notre révérende mère soupçonnant donc que le maire avait ce serment en vue lorsqu'il demanda nos signatures : « Mais, citoyen, lui dit-elle, « je ne vois rien d'écrit sur cette page, et il serait tout au moins « bien imprudent à nous d'apposer nos noms sur un papier blanc « sans savoir l'usage que l'on veut en faire. Votre dessein ne se« rait-il pas, quand vous aurez nos signatures, de remplir le haut « du papier de la formule du nouveau serment ? Si telle est votre « intention, permettez-moi de vous dire que je suis autorisée « par toutes nos sœurs à vous déclarer qu'aucune de nous ne « veut se prêter à votre subterfuge. — Vous avez grand tort de « vous tourmenter de ce que je vous demande, répondit le maire, « il ne s'agit nullement ici de serment. Votre signature n'est « qu'une garantie que nous voulons avoir que vous ne ferez rien « qui puisse troubler la tranquillité publique. Rassurez-vous donc « et venez signer promptement, parce que le temps me presse. » D'après une pareille assurance, pressées et troublées comme nous l'étions, nous apposâmes toutes notre signature après la supérieure. Mais nous ne fûmes pas longtemps sans découvrir que le maire nous avait fait tomber dans le piége que nous redoutions. Indignées de sa conduite, nous voulions nous présenter sur-le-champ chez lui pour protester contre l'usage qu'il avait fait de nos signatures. Mais on représenta à notre prieure les graves inconvénients que pourrait entraîner cette démarche dans un pareil moment, et il fut arrêté que l'on attendrait encore. »

Quelques mois après, ce serment même n'était plus jugé suffisant pour la sécurité de la République, et, pour obtenir quelques assignats dépréciés, chaque religieuse était obligée de présenter un certificat municipal constatant qu'elle avait, selon la belle expression du temps, une âme parfaitement sans-culotte.

Mais le temps approchait où la Révolution, ivre de sang, de colère et de frayeur, et ne voyant plus dans ses partisans eux-mêmes que des ennemis ou des traîtres, allait, pour frapper de tous les côtés à la fois, dresser ces gigantesques instruments de destruction qu'elle appela *comités révolutionnaires, tribunaux révolutionnaires, armées révolutionnaires,* etc. Chaque ville, chaque bourgade eut bientôt à côté de sa municipalité populaire un pouvoir tiré de plus bas encore et élevé au-dessus de tous les pouvoirs établis. Sa tâche était d'alimenter chaque jour les cachots et les échafauds. Sa procédure était simple, secrète et d'une rapidité effrayante. Abandonnant les actions réputées coupables à la vengeance des tribunaux ordinaires, il s'attachait à poursuivre les pensées, les espérances secrètes, les regrets et les désirs cachés. Il n'avait besoin ni de conviction ni de preuves, le moindre soupçon devait lui en tenir lieu. Les factions républicaines venaient, comme les vagues d'une mer agitée, heurter l'une après l'autre ce terrible écueil et s'y briser avec des flots de sang. Placé au sommet de ces institutions sauvages, le tribunal révolutionnaire de Paris avait le privilége d'attirer à lui les plus nobles et les plus illustres victimes de toute la France, et chaque jour le peuple de la capitale voyait passer des convois de charrettes traînant pêle-mêle à l'échafaud des royalistes, des constitutionnels, des républicains, des socialistes, des prêtres, des déistes et des athées. « Vers le mois de mai 1794, dit la sœur Philippe, je fus obligée de me rendre à Paris pour faire assurer le titre d'une rente qui m'était restée, et je m'y trouvais encore lorsque notre révérende mère fut elle-même obligée d'y venir sur la demande de M. Rigaud, notre supérieur, qui était parvenu à s'y cacher. Il arriva qu'un jour j'accompagnais cette bonne mère rue Saint-Antoine. Ayant aperçu de loin un cortége de victimes que l'on conduisait à la mort, je voulus rétrograder, mais j'en fus empêchée par la foule qui me pressait. Notre mère me demanda pourquoi je voulais fuir et que signifiait cette garde nombreuse. Je le lui dis. « Ah ! ma bonne sœur, s'écria-
« t-elle, que j'aie la triste consolation de voir comment les saints

« vont à la mort! » La Providence lui en procura le moyen, car nous nous trouvâmes, sans l'avoir cherché, au premier rang et si près des victimes, que nous touchions presque les fatales charrettes. Au moment où ces infortunés passèrent devant nous : « Remarquez, ma mère, lui dis-je, ces deux hommes que l'on « conduit au supplice ; ils ont les yeux fixés sur nous, et ils sem- « blent nous dire : Bientôt vous nous suivrez. — Oh! quel « bonheur, répondit notre mère, si Dieu daignait nous faire cette « grâce ! » Peu de jours après, elle repartit pour Compiègne ; et comme mes affaires n'étaient point terminées, je lui fis mes adieux, bien éloignée de penser qu'ils dussent être les derniers. »

V

« Nos sœurs, prévenues du retour de leur bien-aimée supérieure, allèrent au nombre de trois ou quatre à sa rencontre, continue la sœur Philippe, autant par empressement de la revoir que pour la prévenir des visites domiciliaires qui avaient lieu en ce moment-là même dans les quatre maisons où les Carmélites s'étaient retirées. Comme cette visite parut n'être que pour la forme, cette respectable mère put goûter un instant le bonheur de se retrouver au milieu de ses enfants. Mais cette jouissance fut de courte durée ; car dès le lendemain, 16 juin 1794, les visites recommencèrent et se firent avec la dernière rigueur. Les membres du comité révolutionnaire employèrent deux jours et une nuit sans désemparer à faire les recherches et les perquisitions les plus minutieuses. Ils se saisirent de tous les papiers qu'ils trouvèrent. Cette opération faite, ils sommèrent les sœurs de ne point sortir de leurs maisons respectives et placèrent des soldats dans chacune, avec ordre que l'un se tînt en sentinelle à la porte et l'autre dans l'intérieur pour garder à vue les religieuses. »

Trois jours après, elles furent transférées dans la maison d'arrêt. La sœur Philippe se trouvant encore à Paris à cette époque, et une autre religieuse étant allée avec une de ses compagnes porter des consolations dans sa famille récemment visitée par la mort, elles ne furent écrouées qu'au nombre de seize. Le comité révolutionnaire essaya, dit-on, de sauver la jeune sœur Meunier, et offrit de la mettre en liberté en se fondant sur ce qu'elle n'avait point prononcé de vœux solennels. Mais la courageuse novice répondit qu'elle les avait prononcés dans son cœur et qu'elle ne voulait pas séparer son sort de celui de ses compagnes. Elle fut donc incarcérée avec elles dans le couvent de la Visitation, transformé en prison, et où avaient déjà été amenées les Bénédictines anglaises de Cambrai, arrêtées à Calais au moment où elles allaient s'embarquer pour rentrer dans leur patrie. C'eût été une consolation pour les Carmélites de voir et d'embrasser ces vénérables sœurs étrangères, que l'intolérance anglicane avait forcées autrefois de chercher un refuge en France, et qu'une proscription encore plus cruelle rejetait entre les bras de leurs premiers persécuteurs. Mais des mesures sévères avaient été prises d'avance pour empêcher toute espèce de communication entre elles. On avait fait élever des murs de séparation, et les fenêtres avaient été murées de manière à ce que les prisonnières ne pussent pas même s'entendre.

On dressa alors contre les seize Carmélites un procès-verbal où elles étaient accusées : 1° de tenir des assemblées nocturnes ; 2° d'être en correspondance avec les émigrés ; 3° d'avoir des relations avec Catherine Théot, visionnaire démagogique, qui se faisait appeler *la mère de Dieu ;* 4° d'avoir recélé les manteaux de la couronne. Il avait plu au comité révolutionnaire de nommer ainsi les manteaux que les religieuses employaient à revêtir des figures en cire représentant les trois mages, et destinées à l'ornement d'une petite crèche qu'on dressait tous les ans au temps de Noël et de l'Epiphanie. L'accusation de complicité avec Catherine Théot n'était pas moins étrange ; car un des grands mystères de la secte fondée par cette vieille prisonnière de la Bastille était de pousser au pouvoir suprême l'un des principaux affiliés, qui n'était pas moins que Robespierre lui-même.

Cependant la supérieure et toutes ses filles, instruites depuis quelques jours que Mgr de Bourdeilles, leur évêque, avait condamné le serment *de liberté et d'égalité*, ne pouvaient plus supporter la pensée de la supercherie dont on avait usé pour arracher leurs signatures en faveur de ce serment. Les efforts mêmes de leurs amis qui dans ce moment les disputaient à la mort, en faisant valoir à leur décharge cette profession de foi révolutionnaire qu'on leur avait surprise, ne firent que rendre plus impérieuse à leurs yeux l'obligation de repousser le bénéfice de la fraude et le salut qui pouvait paraître le prix de leur apostasie. Elles firent donc prier le maire, l'agent national et le greffier de vouloir bien se transporter à la prison. Les fonctionnaires républicains s'empressèrent de s'y rendre, bien éloignés de soupçonner le motif pour lequel on les faisait appeler. Alors toutes d'une commune voix réclamèrent contre ce qu'on avait prétendu leur faire souscrire dix-huit mois auparavant, et demandèrent qu'on reçût leur rétractation par écrit, en ajoutant qu'elles étaient prêtes à la signer de leur sang. Le maire chercha par tous les moyens possibles à les détourner de cet acte, et leur représenta les malheurs qui pourraient en résulter pour elles. Mais toutes répondirent unanimement : « Il s'agit avant tout de tranquilliser notre conscience, et nous préférerions mille morts à l'iniquité d'un pareil serment. » Le maire fut donc obligé de recevoir ce désaveu solennel.

« Un an après, dit la sœur Philippe, lorsque j'allai moi-même joindre mon désaveu à celui de nos chères martyres, comme je dictais au greffier la formule de ma rétractation, je m'aperçus, pendant qu'il écrivait, que sa main était toute tremblante et que de grosses larmes roulaient dans ses yeux. « Il vous faut bien « du courage, madame, pour agir ainsi, dit-il. — Puisse, mon- « sieur, lui répondis-je, puisse l'office que vous venez de remplir « vous obtenir du ciel la même grâce ! » Ce greffier n'était autre que le malheureux curé de Compiègne, qui avait accepté cette place de greffier pour échapper à une persécution qui n'épargnait plus les ministres d'aucun culte, pas même de celui que la Révolution elle-même venait d'inventer. »

La détention des Carmélites dans la maison d'arrêt de Compiègne se prolongea pendant trois semaines. Heureuses dans cette nouvelle épreuve de se trouver toutes réunies pour reprendre ensemble les pieux exercices de leur ordre, elles firent chaque jour retentir les échos de la prison du chant des hymnes et des psaumes et des accents de la prière commune. Cette consolation leur fut fort utile ; car, au rapport de témoins oculaires, on ne peut dire tout ce qu'elles eurent à souffrir pendant ce temps-là, étant privées des choses les plus indispensables, et n'ayant pu obtenir la faculté de se procurer du linge ni même de laver celui qu'elles portaient. Il fallut une permission expresse pour qu'elles pussent enfin se mettre à cet ouvrage, et on ne leur laissa pas le temps de l'achever ; car le jour même où cette permission avait été accordée, c'est-à-dire le 10 juillet, le comité révolutionnaire, accompagné du maire, du procureur de la commune et de l'agent du district, suivi de quatorze gendarmes et d'autant de dragons, se fit ouvrir les portes de la prison, et vint signifier aux religieuses l'ordre qu'il avait reçu de les faire transférer à Paris, où elles étaient traduites au tribunal révolutionnaire. La prieure, touchée de voir les vêtements de toutes les sœurs mouillés et trempés, s'adressa au maire afin qu'il permît qu'on les changeât et que la communauté eût le temps d'achever son maigre repas avant de se mettre en route, car c'était l'heure du dîner, et elles n'avaient pris encore qu'un peu de bouillon. Le maire, qui était pourtant un ancien protégé du monastère, lui répondit : « Va, va, tu n'as besoin de rien, ni toi ni tes compagnes ; dépêchez-vous de descendre, parce que les voitures sont là qui vous attendent. »

Tout ce qui se passait alors était de nature à navrer le cœur. La foule qui environnait les charrettes, et particulièrement un grand nombre de femmes, celles même que la communauté avait assistées de toute manière, les injuriaient par les propos les plus révoltants. Elles claquaient des mains et disaient que l'on faisait bien de se défaire de ces bouches inutiles.

Ce ne fut que le dimanche 13 juillet au matin que les Carmélites arrivèrent à Paris, après avoir beaucoup souffert en route. La journée entière se passa à les conduire de prisons en prisons, qui toutes se trouvèrent tellement encombrées qu'il n'y restait point de place pour les recevoir. On fut donc obligé de les mener à la Conciergerie, où la guillotine faisait de grands vides tous les jours. Elles étaient toutes descendues de voiture, et la vénérable sœur Marie Thouret, âgée de près de quatre-vingts ans et infirme, ne savait comment s'y prendre pour descendre à son tour. Ses chères compagnes ne pouvaient l'aider, ayant les mains garrottées. Elle ne pouvait pas mieux s'aider elle-même, elle qui d'ordinaire ne se soutenait qu'à l'aide d'un bâton, et qui dans ce moment, brisée par la fatigue, avait encore les mains liées derrière le dos. Les farouches satellites, ennuyés du retard qu'elle mettait à descendre, montèrent dans la charrette, l'en arrachèrent brutalement et la jetèrent sur le pavé comme un vil fardeau. Un mouvement naturel de pitié attendrit tous ceux qui étaient présents à cette horrible scène. « Ah! malheureux! s'écria-t-on de tous côtés, misérables que vous êtes! vous l'avez tuée! » Ce qui faisait croire effectivement qu'elle était morte, c'est qu'étant tombée la face contre terre, son corps était resté tout à fait immobile. Quand on l'eut relevée, on s'aperçut que son visage était tout ensanglanté. Mais n'ayant rien perdu de ses facultés morales, elle porta aussitôt ses regards sur les bourreaux qui l'avaient si cruellement maltraitée et leur dit « Croyez bien que je ne vous en veux pas ; je suis au contraire pleine de reconnaissance de ce que vous ne m'avez pas tuée, parce que j'aurais été privée du bonheur de mourir avec mes sœurs. »

En entrant dans l'horrible réceptable du vol et de l'assassinat, les pieuses Carmélites s'y trouvèrent réunies à tout ce que la noblesse, la bourgeoisie et le peuple comptaient de plus distingué et de plus respectable. Quand les voleurs et les assassins siégeaient dans les tribunaux et les conseils du gouvernement, la place des honnêtes gens pouvait-elle être ailleurs que dans les cachots? Elles restèrent enfermées à la Conciergerie jusqu'au 17 juillet, consacrant les longues heures de prison à prier, à chanter des cantiques et à ranimer le courage des autres détenus. Parmi ceux-ci se trouvait un humble vigneron d'Orléans, nommé Blot, poursuivi pour avoir favorisé l'évasion d'un prêtre. Comme il avait obtenu la permission de servir les conseillers du parlement de Toulouse qu'on avait envoyés en corps porter leurs têtes à l'échafaud, il avait la liberté d'aller et de venir dans les cours de la prison. Emu d'une respectueuse pitié pour les religieuses, il leur avait demandé comme une grâce de vouloir bien accepter aussi ses services. Le 16 juillet, jour de la plus grande des fêtes du Carmel, les filles de sainte Thérèse, pressentant que leur fin était proche, prièrent leur pauvre compagnon de leur procurer quelques brins de bois brûlé qu'il leur fit en effet passer au travers du guichet, et, pleines d'un saint transport, elles composèrent ensemble ce chant funèbre ou plutôt triomphal, que Mme de la Neuville parvint à écrire avec du charbon, et qu'une compagne de leur captivité nous a fidèlement transmis :

Livrons nos cœurs à l'allégresse,
Le jour de gloire est arrivé.
Loin de nous la moindre faiblesse,
Le glaive sanglant est levé.
Préparons-nous à la victoire :
Sous les drapeaux d'un Dieu mourant,
Que chacun marche en conquérant ;
Courons tous, volons à la gloire.

  Ranimons notre ardeur,
  Nos corps sont au Seigneur ;
Montons à l'échafaud, et Dieu sera vainqueur.

Grand Dieu, qui voyez ma faiblesse,
Je désire et je crains toujours.
Confiante, l'ardeur me presse ;
Faible, j'attends votre secours.
Je ne puis vous cacher ma crainte,
Allant des cachots à la mort ;
Mais soyez pour moi le Dieu fort,
Et que j'y marche sans contrainte.

Vierge sainte, notre modèle,
Auguste Reine des martyrs,
Daignez seconder notre zèle
En purifiant nos désirs.
Ah ! protégez encor la France ;
Regardez-la du haut des cieux,
Et faites sentir en ces lieux
Les effets de votre puissance.

Voyez, ô divine Marie,
De vos enfants le saint transport :
Si de Dieu nous tenons la vie,
Pour lui nous acceptons la mort.
Montrez-vous notre tendre Mère,
Présentez-nous à Jésus-Christ,
Et que, pleines de son esprit,
Nous puissions, en quittant la terre,

  Au céleste séjour
  De l'éternel amour,
Chanter avec les saints ses bienfaits pour toujours.

En composant sur l'air de l'hymne marseillais ces strophes empreintes d'une grande et noble poésie, sans doute les généreuses vierges du Carmel avaient eu d'abord la pensée de les chanter en allant au supplice ; mais elles réfléchirent ensuite que ce chant pourrait être mal interprété ou confondu avec les couplets révolutionnaires dont elles avaient emprunté les accents, et elles y substituèrent quelque chose de mieux encore.

Le lendemain, 17 juillet 1794, ou 29 messidor an II, on les appela de grand matin à comparaître devant le tribunal révolutionnaire. Elles étaient prêtes, car les premières lueurs de l'aube les avaient trouvées déjà occupées à se préparer mutuellement à la mort ; et, à l'appel de leurs noms, elles s'avancèrent avec fermeté, le visage radieux, et toutes vêtues de blanc, comme les martyres des temps anciens. En s'asseyant sur le banc des accusés, déjà ennobli et consacré par tant d'illustres et pures victimes, elles ne s'y trouvèrent pas seules : par une monstruosité incroyable, on leur avait adjoint comme complice, et sous le titre de prêtre réfractaire et de directeur de leurs consciences, M. Mulot de la Ménardière, qui était un homme marié depuis un grand nombre d'années, et qui avait constamment exercé à Compiègne la profession de libraire. Il avait même toujours vécu en philosophe incrédule, étranger et même hostile à la foi chrétienne. Mais étant proche parent de la sœur Brard, il avait été conduit, par l'intérêt qu'il lui portait personnellement, à rendre quelques légers services à la communauté. Ce fut un prétexte suffisant pour le comité révolutionnaire de Compiègne de le faire incarcérer. Traduit à la Conciergerie de Paris avec les Carmélites, l'éloquence entraînante de la prieure le gagna à la noble cause pour laquelle il était si injustement poursuivi, et, comme l'académicien La Harpe, il abjura en prison son triste scepticisme pour revenir à Dieu. L'accusateur public Fouquier-Tinville l'avait englobé dans le même acte d'accusation que les Carmélites, et, sans ombre de vraisemblance, il attribuait au malheureux libraire voltairien toutes les lettres de dévotion et les opuscules théologiques trouvés au domicile des religieuses et provenant de leur ancien aumônier déporté à l'étranger, ce qui n'empêchait pas Fouquier d'attribuer en même temps ces écrits à leur véritable auteur pour accuser les sœurs de correspondances avec les émigrés.

« Mulot-Laménardière, ex-prêtre réfractaire, disait avec un impudent mépris de la vérité le pourvoyeur de la guillotine, était

dans la commune de Compiègne le chef d'un rassemblement contre-révolutionnaire, d'une espèce de Vendée composée d'ex-religieuses Carmélites et d'autres ennemis de la république. Sa correspondance avec ces femmes soumises à ses volontés dépose des principes et des sentiments contre-révolutionnaires qui l'animaient, et on y remarque surtout cette fourberie profonde, familière à ces tartufes accoutumés à donner leurs volontés pour règles du ciel. Il paraît que c'est lui qui joignait à ses lettres un billet conçu en ces termes : « Vous joindrez, dans vos prières
« aux intentions générales pour l'Eglise, celle d'obtenir aux
« membres qui composent les districts et les municipalités les
« lumières nécessaires pour connaître tout le mal qu'ils font en
« se prêtant à l'exécution des décrets contraires à la religion et à
« la fidélité, en acceptant des emplois qui ne peuvent s'allier avec
« le christianisme et qu'ils devraient refuser même au péril de
« leur vie. » Un autre manuscrit sur son refus de prêter serment à la constitution civile du clergé établit que sa résistance à l'autorité légitime était méditée et réfléchie, etc., etc. »

M. de la Ménardière écouta ce réquisitoire avec une résignation et un calme parfaits. Seulement, comme on voulait fonder sa condamnation sur le prétexte qu'il était prêtre, il crut devoir à la vérité de déclarer qu'il ne l'était point et qu'il ne pouvait pas l'être, attendu qu'il était marié. « Le tribunal, ajouta-t-il, doit savoir que ma femme est prisonnière à Chantilly. » Il appela en témoignage de ces faits l'un des jurés qui avait son domicile à Compiègne, et de qui il était bien connu. Mais ce juré lui répliqua avec une sotte férocité : « Tais-toi, scélérat, tu n'as pas la parole; n'ajoute pas à tes forfaits ! » M. de la Ménardière se tut et fut condamné à la peine de mort comme convaincu de s'être déclaré l'ennemi du peuple en composant des écrits royalistes et contre-révolutionnaires, et en formant chez lui des rassemblements fanatiques. Il mourut à la même heure et sur le même échafaud que les Carmélites.

Mais l'accusateur public avait hâte d'arriver aux principales victimes : il acheva de lire l'acte d'accusation dressé contre elles, et où il avait déployé une certaine habileté de procureur dont il s'épargnait ordinairement les frais. « Quant aux ex-religieuses Carmélites, Lidoine, Thouret, Brard, Dufour et autres, dit-il, quoique séparées par leur domicile, elles formaient cependant des rassemblements et des conciliabules de contre-révolution entre elles et d'autres personnes qu'elles réunissaient. En reprenant cet esprit de corps, elles conspiraient contre la république. Une correspondance volumineuse trouvée chez elles démontre qu'elles ne cessaient de machiner contre la Révolution. Le portrait de Capet, son testament, les cœurs de Jésus et de Marie, signe de ralliement de la Vendée; des puérilités fanatiques, accompagnées de brefs de 1791 et 1793, prouvent qu'elles avaient des correspondances avec les ennemis extérieurs de la France. Telles étaient les marques de la confédération formée entre elles : elles vivaient sous l'obéissance d'une supérieure; et quant à leurs principes et à leurs vœux, leurs lettres et leurs écrits en déposent. Dans un prétendu cantique des cœurs de Jésus et de Marie, on lit :

> Qu'il paraisse au sein du tonnerre,
> Au milieu du ciel embrasé,
> Ce cœur, le salut de la terre,
> Par qui Satan fut écrasé !
> A son aspect doux et terrible,
> Je vois pâlir les factieux ;
> La France alors devient paisible,
> Son roi libre et son peuple heureux.

« Cet hymne contre-révolutionnaire était, on ne peut pas en douter, celui avec lequel les prêtres de la Vendée conduisaient les victimes aveugles de leur scélératesse au meurtre et à l'assassinat de leurs frères. On voit aussi dans leurs correspondances avec quel plaisir elles parlaient des trahisons et des autres manœuvres pratiquées par les despotes coalisés contre la république française. Dans une des lettres trouvées chez la femme Lidoine on lit : « Les Autrichiens ont forcé les Français patriotes à lever le « siége de Maestricht : Dieu veuille permettre que tout ceci « réussisse pour un plus grand bien. Pour moi, je souhaite que « nous puissions le servir plus librement, et que je puisse répa- « rer dans un cloître toutes mes infidélités. » Ainsi, concluait Fouquier, il fallait verser le sang des hommes pour rétablir les couvents. Enfin toutes ces ex-religieuses méconnaissent la souveraineté nationale et l'empire des lois en refusant de prêter le serment que la société avait droit de leur demander en leur accordant des moyens de subsistance. Elles n'offrent qu'une réunion, un rassemblement de rebelles, de séditieuses qui nourrissent dans leur cœur le désir et l'espoir criminel de voir le peuple français remis aux fers de ses tyrans et dans l'esclavage de prêtres sanguinaires autant qu'imposteurs, de voir enfin la liberté engloutie dans des flots de sang que leurs infâmes machinations ont fait répandre au nom du ciel. » L'accusateur conclut en demandant la tête des seize Carmélites.

Le président procéda ensuite à l'interrogatoire suivant : « Vous êtes accusées d'avoir recélé dans votre maison des armes pour les émigrés. » La prieure, croyant remarquer que c'était à elle que s'adressait plus directement le président, tira aussitôt de son sein un crucifix et lui dit : « Voilà, citoyen, les seules armes que nous ayons jamais eues dans notre maison, et l'on ne prouvera pas que nous en ayons eu d'autres. »

Le Président : Vous avez affecté d'exposer le Saint-Sacrement sous un pavillon qui avait la forme d'un manteau royal.

La Prieure : Ce pavillon est un ancien parement de notre autel ; sa forme n'avait rien qui ne fût conforme aux ornements de cette espèce. Il n'y a là aucun rapport avec le projet de conspiration dans lequel on veut nous impliquer. Je ne puis penser qu'il y ait du sérieux dans une pareille inculpation.

Le Président : Mais cet ornement indique quelque attachement pour la royauté et par là même pour Louis Capet et sa famille.

La Prieure : Vos lois ne peuvent étendre leur empire sur les affections de l'âme. Dieu seul a droit de juger celles-ci. La seule chose qui doit vous occuper en ce moment, c'est d'établir notre culpabilité sur l'usage que nous avons fait du pavillon dont vous nous avez parlé. Du reste, si vous tenez à connaître quels sont nos sentiments à l'égard de la famille des Bourbons, je vais vous les découvrir. Nous étions sincèrement attachées à Louis XVI et à son auguste famille. Si c'est là un crime, nous en sommes toutes coupables, et vous ne pourrez jamais arracher ce sentiment de nos cœurs.

Le Président : Vous avez entretenu des correspondances avec les émigrés et leur avez fait passer de l'argent.

La Prieure : Les lettres que nous avons reçues étaient du chapelain de notre maison, condamné par vos lois à la déportation. Ces lettres ne contenaient que des avis spirituels. Au surplus, si cette correspondance est un crime à vos yeux, ce crime ne regarde que moi et ne peut être le crime de la communauté, à qui la règle défend toute correspondance, même avec les plus proches parents, sans la permission de la supérieure. Si donc il vous faut une victime, me voici ; c'est moi seule que vous devez frapper, mes sœurs sont innocentes.

Le Président : Elles ont été tes complices.

La Prieure : Si vous jugez qu'elles sont mes complices, de quoi pouvez-vous accuser nos deux tourières ?

Le Président : N'ont-elles pas été tes commissionnaires pour porter tes lettres à la poste ?

La Prieure : Mais elles ignoraient le contenu des lettres et ne connaissaient pas le lieu où je les adressais. D'ailleurs leur condition de femmes gagées les obligeait à faire ce qui leur était commandé.

Le Président : Tais-toi ; leur devoir était de prévenir la nation.

La sœur Pelras ayant entendu l'accusateur public traiter les religieuses de fanatiques : « Voudriez-vous bien, dit-elle en adressant la parole à ses juges, nous dire ce que vous entendez par des fanatiques ? » Les juges irrités ne répondirent que par un torrent d'injures. La sœur Pelras, sans se déconcerter, reprit d'un ton ferme et intrépide : « Citoyens, votre devoir est de faire droit à la demande des prévenus ; je vous somme donc de répondre et de nous dire ce que vous entendez par des fanatiques. — J'entends, dit Fouquier-Tinville, votre attachement à des croyances puériles, vos sottes pratiques de religion. »

La sœur Pelras, entendant cette réponse, se tourna du côté de la prieure et dit : « Ma chère mère et mes sœurs, vous venez d'entendre l'accusateur nous déclarer que c'est à cause de notre attachement à notre sainte religion qu'on nous fait mourir. Toutes nous désirions cet aveu, nous l'avons obtenu ; grâces en soient rendues à Celui qui le premier nous a frayé la route du Calvaire ! Oh ! quel bonheur de mourir pour mon Dieu ! »

M. Sezille de Montarlet, jurisconsulte de Noyon et défenseur officieux des Carmélites, prit ensuite la parole pour les justifier. Mais que peuvent l'éloquence et le dévouement pour défendre l'innocence quand c'est l'innocence même qui est un crime ? Comme à l'ordinaire, la délibération des juges ne fut pas longue. Un jury composé d'assassins bien choisis déclara les seize Carmélites convaincues de s'être montrées les ennemies du peuple, et d'avoir conspiré contre sa souveraineté en entretenant des intelligences avec les ennemis de la république, en conspirant dans l'intérieur de la France, en formant des conciliabules et rassemblements contre-révolutionnaires, et en conservant des écrits liberticides. En conséquence, le tribunal, au nom de la nation, prononça contre elles la peine de mort.

A ce mot terrible, une sainte allégresse se peignit sur les visages des condamnées ; elles remercièrent même leurs juges du bonheur qu'ils leur procuraient. Une seule, la plus jeune des tourières, Thérèse Soiron, qui n'avait pas cessé de montrer le plus grand courage, parut en manquer à ce cruel moment. Lorsqu'elle entendit l'arrêt qui livrait au couteau homicide toutes ses affections, la nature triompha d'elle, et elle tomba en défaillance. Mais la vénérable prieure, dont les regards maternels ne quittaient pas ses filles, s'en étant aperçue la première, pria un gendarme d'aller lui chercher un verre d'eau ; et à peine la pauvre tourière eut-elle repris ses sens, qu'elle s'empressa de témoigner à l'assemblée son regret de la faiblesse qu'elle avait un instant laissée paraître.

Les arrêts du tribunal révolutionnaire ne souffraient ni appel en cassation ni recours en grâce, ils n'admettaient pas même un sursis de quelques heures ; on passait sans intervalle du prétoire à l'échafaud. C'était la jurisprudence sauvage dans toute son horrible simplicité. Les débats du procès des Carmélites avaient commencé le matin, et dès le soir leurs dépouilles mortelles devaient avoir disparu sous la terre. Quand elles descendirent du tribunal, la journée était déjà avancée, elles étaient encore toutes à jeun, et le trajet était long de la Conciergerie au lieu du dernier supplice. Mais la république, qui n'avait pas à s'accuser de cette prolongation inusitée des débats, et qui se tenait déjà pour débarrassée de ses victimes, ne s'était pas inquiétée si elles pouvaient encore avoir faim, et elle leur refusait même la nourriture nécessaire pour leur donner la force d'arriver jusqu'à l'échafaud. La prieure, dont la sollicitude semblait se multiplier en cet instant suprême, voyait avec angoisse le besoin des sœurs et l'impossibilité d'y pourvoir. Sa noble et sainte fierté craignait encore que quelqu'une de ses filles, en tombant d'inanition en route, ne donnât aux impies l'occasion de calomnier leur courage et de les accuser d'une frayeur de la mort qui était bien loin de leurs âmes. Dans sa perplexité, elle eut recours à la sous-prieure, Marie-Antoinette Brideau, qui partageait avec elle le poids d'une glorieuse et douloureuse maternité, et elles se concertèrent sur les moyens de procurer aux sœurs quelques aliments à leurs frais. Mais l'entreprise n'était pas facile ; il ne restait aux deux pauvres mères ni argent ni linge ou autre effet mobilier qu'elles pussent offrir en paiement du repas le plus frugal. Enfin il vint à l'esprit de la vénérable Marie Brideau qu'elle avait encore une sorte de pelisse qui lui couvrait les épaules et dont elle pourrait à la rigueur se passer. Elle fit donc appeler le concierge et le pria de vouloir bien accepter cette pelisse pour quelques cuillerées de chocolat qu'elle fut heureuse de faire partager à toutes les sœurs.

Pendant qu'on allait chercher les tombereaux qui chaque jour faisaient le service régulier des cachots à la guillotine, la prieure recommença à exhorter ses filles à la mort, et elle leur parla avec une éloquence qui déjà ne semblait plus appartenir à la terre. Les autres détenus pleuraient en l'écoutant, et ceux qui ont survécu aux massacres ont souvent répété que jamais ils n'avaient trouvé dans la parole humaine tant d'élévation ni d'éclat.

Quand les voitures furent arrivées à la porte de la prison, les victimes du jour firent les plus touchants adieux à celles du lendemain ; les Carmélites témoignant affectueusement à tous les prisonniers leur reconnaissance pour l'intérêt dont elles n'avaient cessé d'être entourées, et échangeant avec eux des promesses de prières, seul et dernier présent que pussent se faire les condamnés. Elles montèrent ensuite dans les tombereaux avec une sérénité qui aurait fait croire qu'elles se rendaient à une fête, et lorsque le convoi se mit en route, elles commencèrent à réciter ensemble les prières des agonisants. Comme le théâtre des exécutions avait été transféré récemment de la place de la Concorde à la barrière du Trône, le trajet fut long, et elles chantèrent successivement le psaume *Miserere*, la mélancolique antienne à la sainte Vierge *Salve Regina*, et le *Te Deum*, exprimant ainsi tour à tour dans un langage divin le regret de leurs fautes, l'ardeur de leurs espérances et leur gratitude envers Celui qui voulait bien pardonner les unes pour couronner les autres. La foule immense qui suivait le convoi et les gens arrêtés dans les rues pour les voir passer gardaient un morne silence, quoique l'usage de ce peuple trompé fût d'accompagner les condamnés avec des cris barbares et de brutales insultes, par suite de l'erreur qui lui faisait voir en eux ses plus cruels ennemis. On remarquait avec attendrissement qu'elles étaient toutes vêtues de blanc comme des victimes parées pour le sacrifice, et que ces couleurs de fête et d'innocence étaient un touchant emblème de la candeur et de la paix qui régnaient dans leurs cœurs. Leurs visages semblaient transfigurés, et à travers les années et les souffrances on y voyait briller ce rayon de beauté surhumaine qui illumine les grandes âmes, surtout en de pareils moments. Ces voix qu'on allait étouffer dans le sang, et qui jetaient encore vers le ciel des accents pleins d'une religieuse harmonie, semblaient appartenir à des créatures toutes célestes ; elles avaient des sons étranges et saisissants qui faisaient vibrer toutes les cordes du cœur et frissonner les témoins même les plus malveillants. Ces chants d'allégresse sur le chemin du supplice, ces saintes femmes souriantes dans ces horribles tombereaux, ces élans d'une reconnaissance et d'un amour inaltérables vers le Dieu qui les abandonnait à leurs assassins, avaient quelque chose de mystérieux et de sublime qui stupéfiait la multitude trop dégradée pour comprendre, mais pas assez pour rester complètement insensible.

Quand les religieuses furent arrivées au pied de l'échafaud, elles se mirent toutes à genoux et entonnèrent le *Veni Creator* avec le même calme que s'il se fût agi pour elles de préluder à une simple cérémonie religieuse. Les bourreaux n'eurent pas le courage de les empêcher d'aller jusqu'au bout. Elles renouvelèrent ensuite toutes ensemble à haute voix les promesses de leur baptême et leurs vœux de religion. Pendant qu'elles se relevaient, l'une d'elles, restée agenouillée, ajouta d'une voix pénétrante : « Je serais trop heureuse, ô mon Dieu, si ce léger sacrifice que je fais de ma vie pouvait apaiser votre colère et faire diminuer le nombre des victimes. » Quelques chrétiens fidèles, cachés dans les rangs de la foule, remarquèrent avec étonnement que les bourreaux, les gardes et la populace laissèrent les Carmélites remplir ces divers actes de religion sans témoigner jusqu'à la fin le moindre mouvement d'humeur ou d'impatience.

Enfin, comme il ne leur restait plus rien à faire sur la terre, elles s'avancèrent l'une après l'autre vers l'instrument du supplice. Pour soutenir jusqu'au bout le courage de ses filles chéries et ne les abandonner qu'entre les mains de Dieu qui les lui avait confiées, la prieure demanda et obtint la grâce terrible d'assister au supplice de toutes ses compagnes et d'être immolée la dernière. La plus jeune des sœurs, cette courageuse Marie-Jeanne Meunier qui n'avait pu prononcer ses vœux qu'au milieu de la persécution, fut la première appelée. Elle alla se mettre à genoux devant la vénérable supérieure, lui demanda sa bénédiction et la permission de mourir, puis elle monta d'un pas ferme les degrés de l'échafaud en chantant l'hymne des joies saintes : *Laudate Dominum, omnes gentes;* elle alla ensuite se placer elle-même sous le couteau sans permettre au bourreau de la toucher, et sa tête roula presque aussitôt sur le sol. Toutes les religieuses suivirent son exemple, et avant de porter leur tête sur le billot ensanglanté, elles vinrent tour à tour l'incliner devant cette mère héroïque qui, après avoir subi la mort autant de fois qu'elle vit égorger de ses filles, alla enfin mêler son sang au leur et consommer ce grand holocauste. Pendant tout ce temps, il n'y eut pas un cri, pas un roulement de tambour, mais un silence profond dans toute la foule.

Ainsi périrent ces nobles femmes, si pures au milieu d'une corruption universelle, si distinguées par leur intelligence, si admirables par leur courage et si douces même envers la mort ; femmes vraiment dignes de la primitive Église et de l'admiration de tous les âges, et dont le seul crime fut d'être restées jusqu'au bout les libres et fidèles citoyennes d'une de ces vieilles républiques religieuses où, bien des siècles avant que l'impiété songeât à se faire du libéralisme un manteau, on ne connaissait déjà d'autre sujétion qu'une sujétion toute volontaire, d'autre gouvernement qu'un gouvernement temporaire et électif, et où l'égalité, dépassant les plus audacieuses tentatives de la démagogie, avait nivelé non seulement tous les rangs, mais encore toutes les fortunes. Elles moururent martyres de la religion et de la liberté au milieu d'un peuple qui avait perdu à la fois l'une et l'autre pour les avoir cru incompatibles, et qui expiait rudement sous la main des philosophes le tort d'avoir cru à leur parole. Elles furent immolées, il y a quelques années à peine, sur le sol même que nous foulons, pour la cause auguste de nos croyances; et nos enfants chrétiens, dont la mémoire est remplie des vertus apocryphes des Véturie, des Lucrèce et des Cornélie de Rome païenne, ignorent tous jusqu'aux noms et à l'existence de ces saintes héroïnes de notre siècle, de notre pays et de notre religion.

Quant à nous, pour suivre l'exemple des premiers chrétiens, nous nous faisons un devoir d'inscrire sur ces feuilles, malheureusement moins précieuses et moins durables que le marbre des catacombes, les noms des seize vierges martyres de Compiègne, en suivant l'ordre dans lequel elles ont dû mourir.

Marie-Jeanne Meunier, âgée de vingt-huit ans, née à Saint-Denis près Paris le 28 mai 1766.

Etiennette-Jeanne Vézotal, sœur converse, âgée de trente ans, née à Lignières (Aube) le 1er janvier 1764.

Marie-Antoinette Pelras, infirmière, âgée de trente-quatre ans, née à Cajarc (Lot) le 17 juin 1760.

Marie-Louise Trezel, âgée de quarante-un ans, née à Compiègne le 3 avril 1753.

Thérèse Soiron, sœur tourière, âgée de quarante-deux ans, née à Compiègne en 1751.

Marie-Antoinette Brideau, sous-prieure, âgée de quarante-quatre ans, née à Belfort en 1750.

Françoise de Croissy, maîtresse des novices, âgée de quarante-neuf ans, née à Paris le 18 juin 1745.

Antoinette Roussel, sœur converse, âgée de cinquante-deux ans, née à Fresne (Seine-et-Marne) le 4 août 1742.

Marie Dufour, sœur converse, âgée de cinquante-deux ans, née à Beaune le 1er octobre 1742.

Louise-Catherine Soiron, sœur tourière, âgée de cinquante-trois ans, née à Compiègne en 1741.

Rosalie Chrétien de la Neuville, âgée de cinquante-trois ans, née à Laureau (Eure-et-Loir) le 3 décembre 1741.

Marie-Antoinette Hanisset, âgée de cinquante-quatre ans, née à Reims le 18 juillet 1740.

Catherine-Charlotte Brard, âgée de cinquante-huit ans, née à Broué (Eure-et-Loir) en 1736.

Antoinette Piedcourt, âgée de soixante-dix-neuf ans, née à Paris le 8 décembre 1715.

Marie Thouret, âgée de soixante-dix-neuf ans, née à Meaux en 1715.

Marie-Charlotte Lidoine, prieure, âgée de quarante-deux ans, née à Paris le 22 septembre 1752.

Noms inconnus au monde, mais infiniment glorieux devant Dieu ! quand on se représente à l'esprit tout ce que les douces et inoffensives créatures que vous rappelez ont souffert de privations, d'avanies et de tortures de tout genre, on serait tenté de se croire transporté au milieu des barbares d'Attila ou des sauvages de la Calédonie. Mais non ; les auteurs de ces atrocités appartenaient au siècle et au peuple les plus civilisés de l'univers. Ce n'étaient même pas, comme ils s'en vantaient faussement, des misérables dépourvus du plus indispensable vêtement ; la plupart étaient d'anciens nobles qui avaient connu toutes les délicatesses de la cour, des légistes qui n'ignoraient aucune des garanties accordées de tout temps par la justice aux accusés, des financiers opulents qui perdaient leur fortune à ce métier d'assassins ; c'étaient des écrivains sensibles qui avaient gémi en vers ou en prose sur les infortunes d'un papillon ou d'une tourterelle ; c'étaient enfin d'honnêtes bourgeois, qui ne manquaient d'ailleurs ni de cœur ni de raison, et qui, dans la suite, pleurèrent amèrement pendant de longues années des forfaits qu'ils ne pouvaient plus comprendre eux-mêmes. Quelle frénésie, s'emparant ainsi de tant d'esprits à la fois, et les dépouillant de tout sentiment d'humanité et de pitié, avait donc pu les faire descendre si bas ? Hélas ! leur histoire rappelle une des vieilles fables d'Homère : comme l'artificieuse Circé, une fausse philosophie, bien plus ennemie de Dieu qu'amie des hommes, les avait tous enivrés et métamorphosés en bêtes féroces. La France a trop souffert de leur sanguinaire folie pour n'être pas édifiée désormais sur les douceurs de la tolérance philosophique ou les bienfaits de la liberté voltairienne ; et quelques mois du culte de la Raison ne lui ont que trop appris que les rationalistes n'ont pas toujours le sens commun.

Quant au petit nombre d'idéologues inquiets et mécontents que nous voyons encore aujourd'hui se jeter dans la démocratie pour populariser l'irréligion, si jamais ils arrivaient par surprise au gouvernement de notre pays, qu'ils le sachent bien, toutes les ressources du trésor public, réunies aux plus savantes mesures de police, n'avanceraient pas plus que leurs livres et leurs sophismes l'œuvre de destruction qu'ils poursuivent ; et, comme leurs devanciers, ils se trouveraient entraînés par leur impuissance même à renier un à un, jusqu'au dernier, tous leurs principes de liberté, d'égalité et de respect pour la volonté du peuple ; ils tomberaient honteusement comme eux dans les plus sauvages excès de tyrannie et de cruauté avant de parvenir à ébranler les fondements du vieil et divin édifice qui abritera longtemps encore une grande partie de l'humanité.

Au milieu du silence profond qui entoura l'échafaud des Carmélites, une voix trop longtemps muette commença pourtant à faire entendre quelques murmures : ce fut la voix des consciences. Les massacres ne continuèrent plus avec la même fureur que pendant huit jours. Alors une des coteries anarchiques ayant écrasé celle de Robespierre, les honnêtes gens profitèrent de ce nouvel affaiblissement du parti terroriste pour obliger ses derniers parvenus à cesser les hécatombes quotidiennes. Sous la même pression de l'indignation publique, Fouquier-Tinville et la plupart des juges de son horrible tribunal furent condamnés à périr sur le même échafaud où, vingt-un jours auparavant, ils avaient fait monter les seize vierges du Carmel. Malheureusement ce ne fut pas encore le terme des douleurs de la France : la persécution religieuse et les dissensions civiles se perpétuèrent pendant plusieurs années au milieu des fluctuations les plus orageuses jusqu'au jour où le jeune général Bonaparte, se séparant d'une faction impie et sanguinaire dont l'audace avait fait toute la force, releva, aux applaudissements du peuple entier, les statues brisées de la Justice et de la Religion.

JULES SAUZAY.

(Extrait du *Journal des Bons Exemples*. Mai et juin 1860.)

www.ingramcontent.com/pod-product-compliance
Lightning Source LLC
Chambersburg PA
CBHW070703050426
42451CB00008B/475